Impressum
Verlag: BABADADA GmbH, Nedderfeld 112 , 22529 Hamburg
Geschäftsführer / Verlagsleitung: Harald Hof
Druck: Books on Demand GmbH, In de Tarpen 42, 22848 Norderstedt

Imprint
Publisher: BABADADA GmbH, Nedderfeld 112 , 22529 Hamburg, Germany
Managing Director / Publishing direction: Harald Hof
Print: Books on Demand GmbH, In de Tarpen 42, 22848 Norderstedt, Germany

ikigo c' amashure

школа

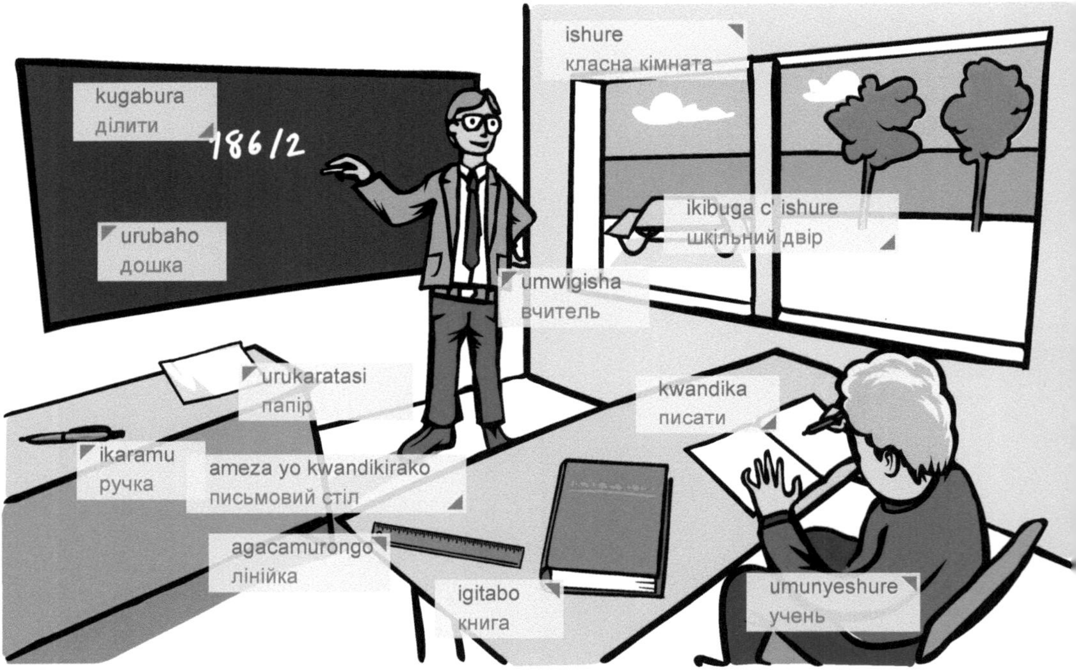
ishure
класна кімната
kugabura
ділити
186/2
urubaho
дошка
ikibuga c' ishure
шкільний двір
umwigisha
вчитель
urukaratasi
папір
kwandika
писати
ikaramu
ручка
ameza yo kwandikirako
письмовий стіл
agacamurongo
лінійка
igitabo
книга
umunyeshure
учень

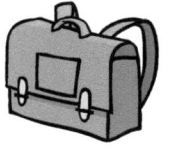

isakoshi y'' ishure

ранець

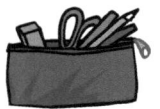

agasaho k' amakaramu

пенал

ikaramu y igiti

олівець

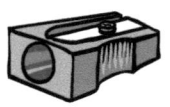

agasongozo k ikaramu y igiti

точило

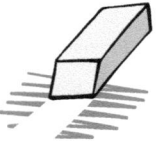

igome

гумка

ikaye yo gucapamwo

альбом для малювання

igicapo

малюнок

ikaramu bacapisha irangi

пензель

agasandugu kamabara

коробка фарб

imikasi

ножиці

kore

клей

ikaye y' imyimenyerezo

зошит

imyimenyerezo yo muhira

домашнє завдання

igiharuro

число

guteranya

додавати

gukuramwo

віднімати

kugwiza

множити

guharura

рахувати

urudome

літера

indome

абетка

ijambo

слово

igisomwa

текст

gusoma

читати

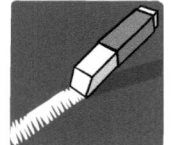

ingwa

крейда

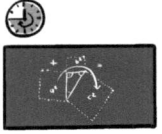

icigwa

година

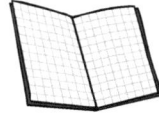

igitabo c' ishure

класний журнал

ikibazo

екзамен

impamyabushobozi

диплом

impuzu y' ishure

шкільна форма

kwiga

освіта

kazinduzi

лексикон

kaminuza

університет

mikorosikopi

мікроскоп

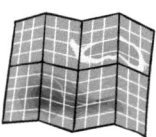

ikarata

карта

agaseke bajugunyamo
amakaratasi

кошик для паперу

urugendo

подорож

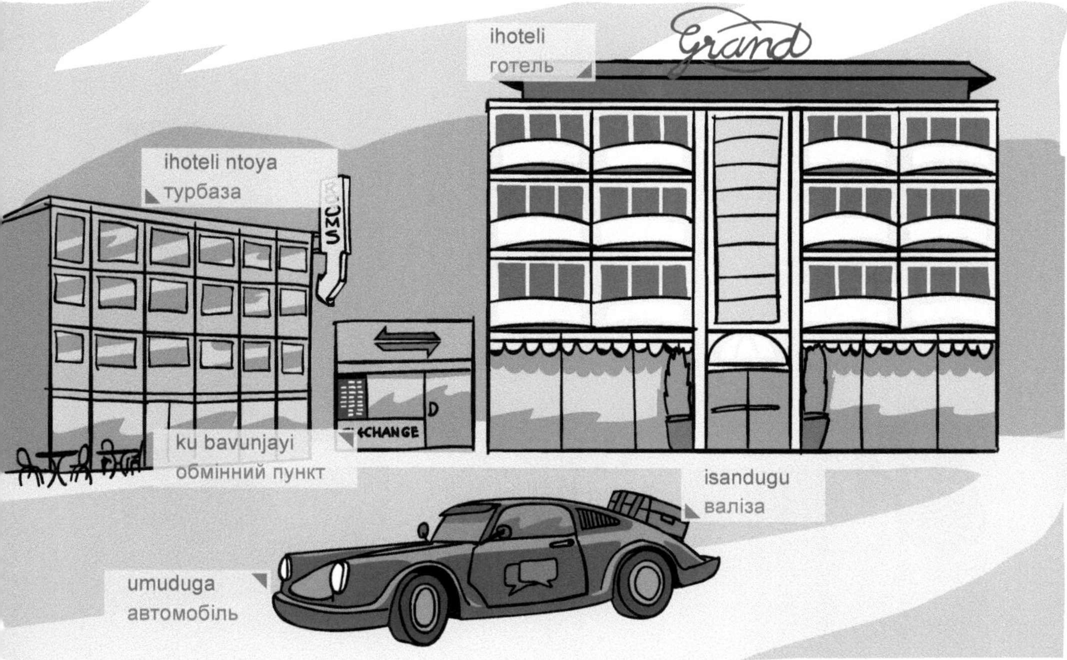
Grand
ihoteli
готель
ihoteli ntoya
турбаза
ROOMS
ku bavunjayi
обмінний пункт
EXCHANGE
isandugu
валіза
umuduga
автомобіль

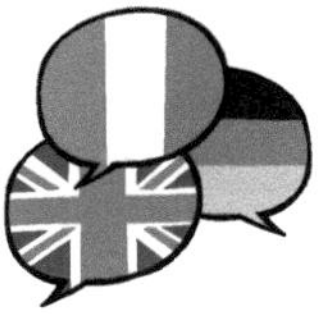

ururimi
мова

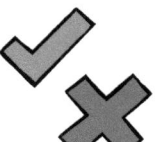

ego / oya
так / ні

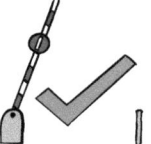

ego
добре

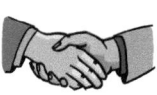

amahoro!
привіт

umuntu asigura
перекладач

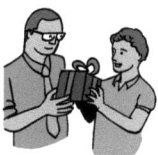

ndashimye
дякую

ni angahe?

Скільки коштує …?

sindabitahura

Я не розумію

ingorane

проблема

mwiriwe!

Добрий вечір!

mwaramutse

Доброго ранку!

ijoro ryiza!

На добраніч!

nakagaruka

До побачення

inzira

напрямок

imizigo

багаж

igapo

сумка

isaho baheka mu mugongo

рюкзак

umushitsi

гість

icumba

кімната

umufuko wo kuraramo mu rugendo

спальний мішок

ihema

намет

kumenyesha ingenzi

туристична інформація

ku musenyi

пляж

ikarata y' amahera

кредитна картка

ifunguro rya mugatondo

сніданок

ifunguro ryo ku murango

обід

ifunguro ry 'ijoro

вечеря

itike

квиток

ingazi y' umuyagankuba

ліфт

umukono

поштова марка

umupaka

межа

duwane

митниця

ubuserukizi bw' igihugu

посольство

viza

віза

pasiporo

паспорт

gutwara abantu n' ibintu

транспорт

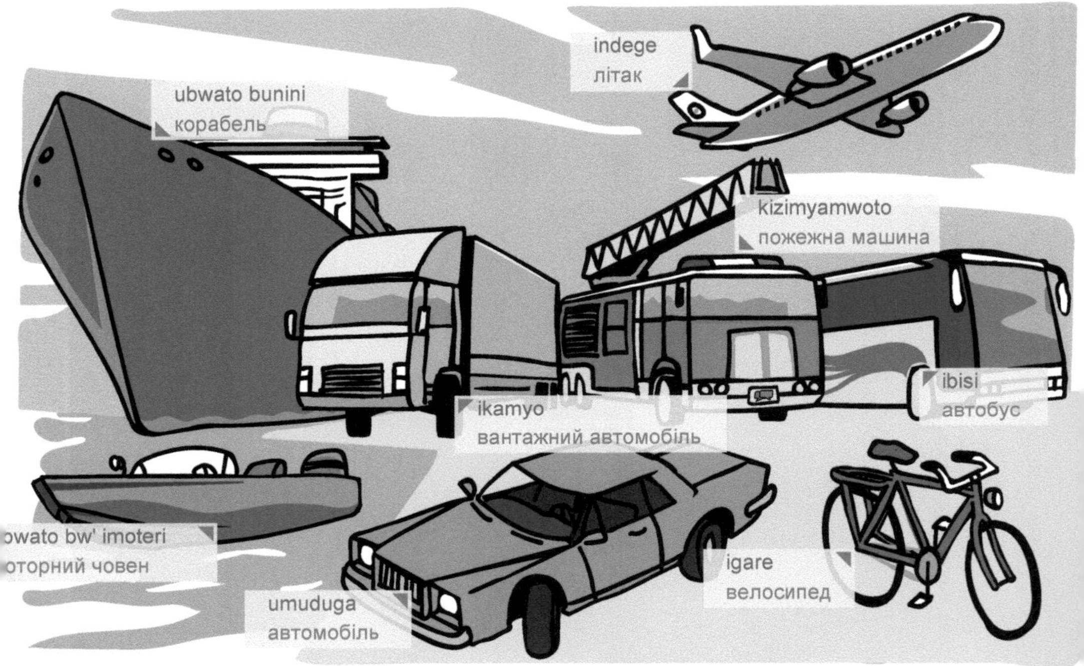

indege
літак
ubwato bunini
корабель
kizimyamwoto
пожежна машина
ibisi
автобус
ikamyo
вантажний автомобіль
owato bw' imoteri
оторний човен
igare
велосипед
umuduga
автомобіль

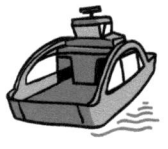

ubwato bunini

пором

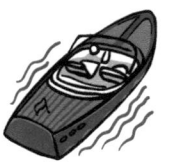

ubwato

човен

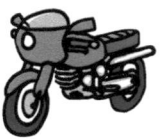

ipikipiki

мотоцикл

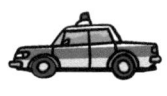

umuduga w' igipolisi

поліцейська машина

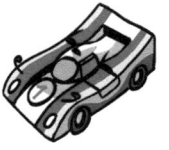

umuduga wa kuruse

гоночний автомобіль

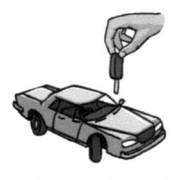

umuduga bakodesha

автомобіль на прокат

gukoresha imodoka imwe muri benshi

спільне користування авто

uruduga ruheka izindi

евакуатор

umuduga utwara umucafu

сміттєвоз

imoteri

двигун

igitoro

паливо

ubunywero bw'ibitoro

автозаправна станція

ibirango vyo ku mabarabara

дорожній знак

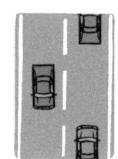

uruja n' uruza

рух

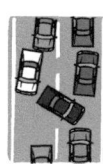

akajagari k' imiduga mw' ibarabara

затор

igituro c' imiduga

стоянка

igituro ca gari ya moshi

вокзал

ibarabara rya gari ya moshi

рейки

gari ya moshi

потяг

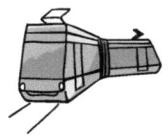

gari ya moshi bita tram

трамвай

igipande ca gari ya moshi

вагон

kajugujugu

гелікоптер

ikibuga c' indege

аеропорт

umunara

вежа

ingenzi

пасажир

konteneri

контейнер

ikarato

коробка

isharete

візок

icibo

кошик

kuguruka / kugwa

стартувати / приземлятися

igisagara

місто

umutumba

село

hagati mu gisagara

центр міста

inzu

дім

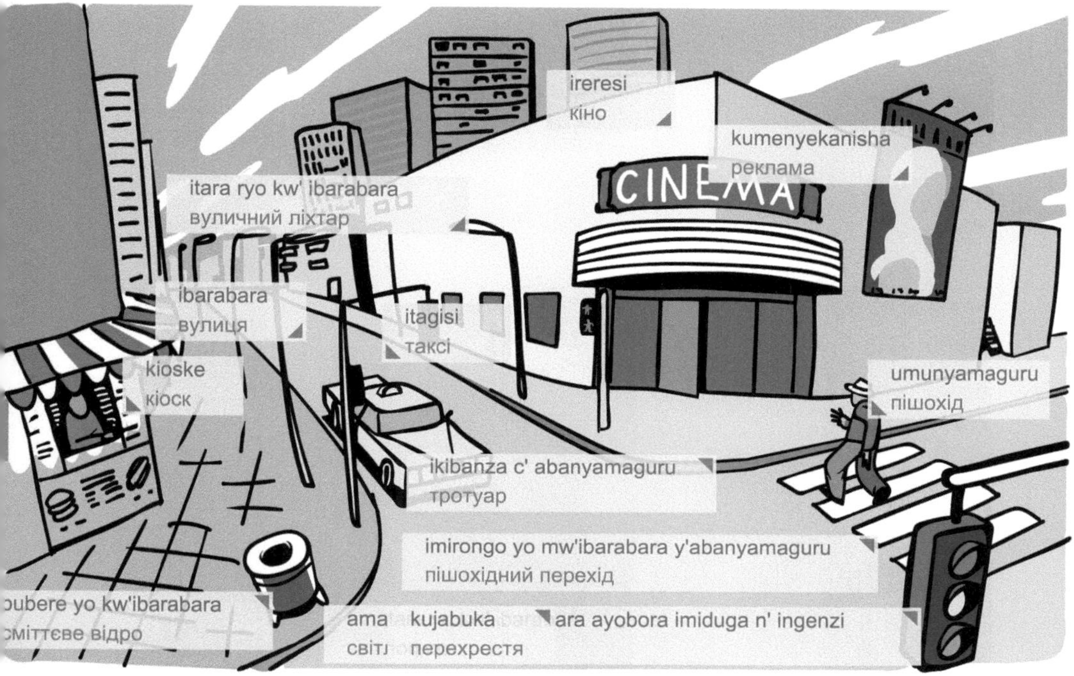

ireresi
кіно

kumenyekanisha
реклама

itara ryo kw' ibarabara
вуличний ліхтар

ibarabara
вулиця

itagisi
таксі

kioske
кіоск

CINEMA

umunyamaguru
пішохід

ikibanza c' abanyamaguru
тротуар

imirongo yo mw'ibarabara y'abanyamaguru
пішохідний перехід

...ubere yo kw'ibarabara
сміттєве відро

ama... kujabuka ...ara ayobora imiduga n' ingenzi
світл... перехрестя

akazu k' ikirundi

хатина

aparitema

квартира

igituro ca gari ya moshi

вокзал

meri

ратуша

iratiro ry' ivyakera

музей

ikigo c' amashure

школа

kaminuza
університет

ibanki
банк

ibitaro
лікарня

ihoteli
готель

farumasi
аптека

ibiro
офіс

aho badandaza ibitabo
книжковий магазин

akaduka
магазин

umudandaza w'amashugwe
квітковий магазин

supermarshe
супермаркет

isoko
ринок

iduka
універмаг

umudandaza w' amafi
торговець рибою

ihuriro ry'amaduka
торговельний центр

ikivuko
гавань

igisagara - місто

ikibanza batemberamwo

парк

intebe ndende

лава

ikiraro

міст

ingazi

сходи

gari ya moshi bita métro

метро

ibarara ry' indani y' isi

тунель

igituro c' amabisi

автобусна зупинка

ubunywero

бар

resitora

ресторан

ahaja amakete

поштова скринька

ikirango co kw' ibarabara

вулична табличка

isaha yo ku gituro c' imiduga

лічильник паркування

iratiro ry' ibikoko

зоопарк

pisine

басейн

umusigiti

мечеть

ubworororero

ферма

konona ibidukikije

забруднення навколишнього середовища

akaburi

кладовище

kw'isengero

церква

ikibuga

дитячий майданчик

inyubako za kera bita temple

храм

imisozi
ландшафт

ikibabi
листок

ivyapa
вказівний стовп

inzira
шлях

ubwatsi bita gazon
луг

ibuye
камінь

umuntu atembera kure n' amaguru
мандрівник

igiti
дерево

uruzi
річка

ubwatsi
трава

ishugwe
квітка

ikiyaya

долина

umusozi

гора

ikiyaga

озеро

ishamba

ліс

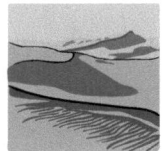

ubugaragwa

пустеля

ikirunga

вулкан

ishato

замок

umunywamazi

веселка

ikizinu

гриб

ikigazi

пальма

umubu

комар

isazi

муха

urutozi

мурашка

uruyuki

бджола

igitangurigwa

павук

agakoko gato bita
coléoptère

жук

igikere

жаба

agakoko bita écureuil

вивірка

ikinyogote

їжак

urukwavu

заєць

igihuna

сова

inyoni

птах

imbata

лебідь

ingurube y' ishamba

кабан

idubu

олень

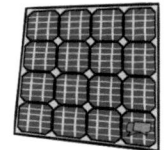

igikoko bita élan

лось

urugomero

гребля

icuma gitanga
umuyagankuba

вітряк

ikimuri c' imishwarara

сонячний модуль

igihe

клімат

umukozi wo muburiro n'ubunywero
офіціант

ikarata y' indya
меню

intebe
стілець

isupu
суп

piza
піца

igitambara c' ameza
скатертина

ibikoresho vyo kumeza
столові прилади

indya y' ibanze
....
закуска

indya nkuru
....
друга страва

deseri
....
десерт

inyobwa
....
напої

infungugwa
....
їжа

icupa
....
пляшка

infungugwa batekanye ingoga

фаст-фуд

Infungugwa barya bagenda

вулична їжа

ibirika y' icayi

чайник

agakopo k' isukari

цукорниця

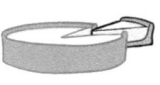

igipande c' indya

порція

imachini ikora espresso

еспресо-машина

intebe ndende

високий стільчик

inyemazabuguzi

рахунок

ako batwarako infungugwa

піднос

imbugita yo kumeza

ніж

ikanya

вилка

ikiyiko

ложка

akayiko k' icayi

чайна ложка

seriviyeti

серветка

ikirahuri

склянка

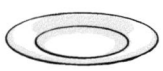

isahani

тарілка

isahani y' isupu

тарілка для супу

isutasi

блюдце

isosi

соус

akanyanyagiza umunyu ku ndya

солонка

agasya ipiripiri

млин для перцю

vinaigre

оцет

amavuta

масло

indyoshandya

спеції

kecapu

кетчуп

mutaride

гірчиця

mayoneze

майонез

resitora - ресторан

supermarshe

супермаркет

ivyagabanyijwe igiciro
пропозиція
FOR
umuguzi
клієнт
ibiva ku mata
молочні продукти
icamwa
фрукти
agakinga ko mw' iduka
візок для покупок

BUTCHERS

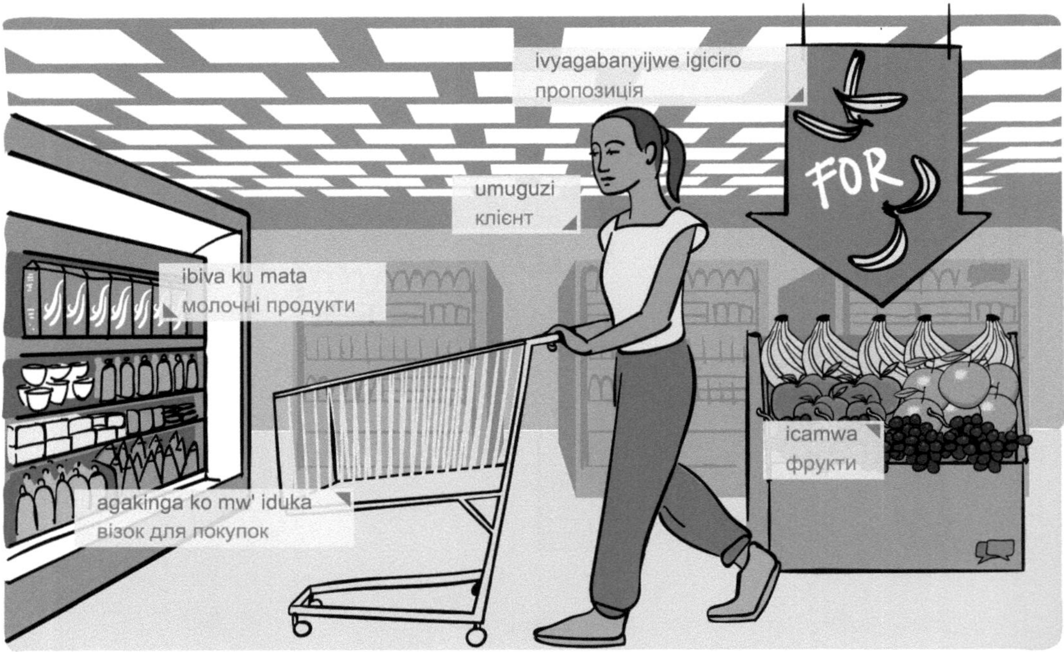

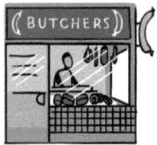

amacuniro

м'ясний магазин

BAKERY

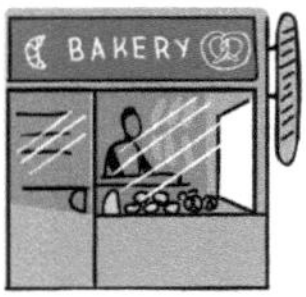

iburangeri

пекарня

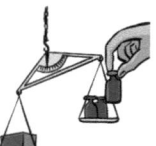

gupima

зважувати

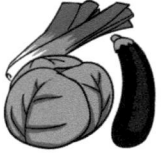

imboga

овочі

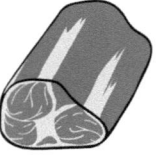

inyama

м'ясо

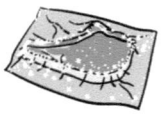

Imfungurwa zikanye cane

заморожені продукти

infungugwa bita charcuterie
en tranches

ковбасна нарізка

amafunguro yo mu
mabwate

консерви

isabune yo kumesura

пральний порошок

ibisosa

солодощи

ibikoresho vyo muhira

предмети домашнього
побуту

ibikoresho vy'isuku

мийний засіб

umudandaza

продавщиця

kese

каса

umuntu yakira amahera

касир

urutonde rw' ibidandazwa

список покупок

amasaha yo kugurura

часи роботи

ingodomoni

гаманець

ikarata y' amahera

кредитна картка

isakoshe

сумка

ishakoshe ya parastike

поліетиленовий пакет

amazi

вода

umutobe

сік

amata

молоко

koka

кола

umuvinyo

вино

ikiyeri

пиво

inzoga

алкоголь

kakao

какао

icayi

чай

ikawa

кава

ikawa yitwa espresso

еспресо

ikawa yitwa kapucino

капучіно

umuhwi

банан

ipome

яблуко

umucungwe

апельсин

icamwa bita melon

кавун

indimu

лимон

ikaroti

морква

igitungurusumu

часник

umugano

бамбук

igitunguru

цибуля

ikizinu

гриб

ibiyoba

горішки

amakaroni

локшина

spagetti

спагеті

umuceri

рис

isarade

салат

ifiriti

картопля фрі

ifiriti

смажена картопля

piza

піца

hamburugere

гамбургер

sandwich

бутерброд

infungugwa bita escalope

шніцель

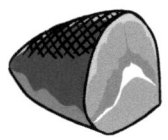

jambo

шинка

salami

салямі

isosiso

ковбаса

inyama y' inkoko

курка

umusoso

печеня

ifi

риба

infungugwa bita flocons d' avoine

вівсяні пластівці

imfungugwa bita müsli

мюслі

infungugwa bita corn - flakes

кукурудзяні пластівці

ifarini

борошно

umukate bita croissant

круасан

umukate muto

булочка

umukate

хліб

umukate bashusha

тостовий хліб

ibisuguti

печиво

amavuta

масло

iforomaji yera

сир

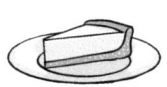

igato

пиріг

irigi

яйце

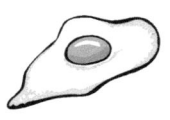

amafunguro bita oeuf au plat

яєчня

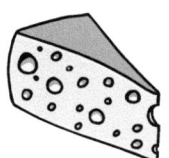

iformaji

сир

infungugwa bita crème
glacée

морозиво

isukari

цукор

ubuki

мед

ikonfitire

мармелад

imfungugwa bita praliné

нуга-крем

infungugwa bita curry

карі

ubwororero
ферма

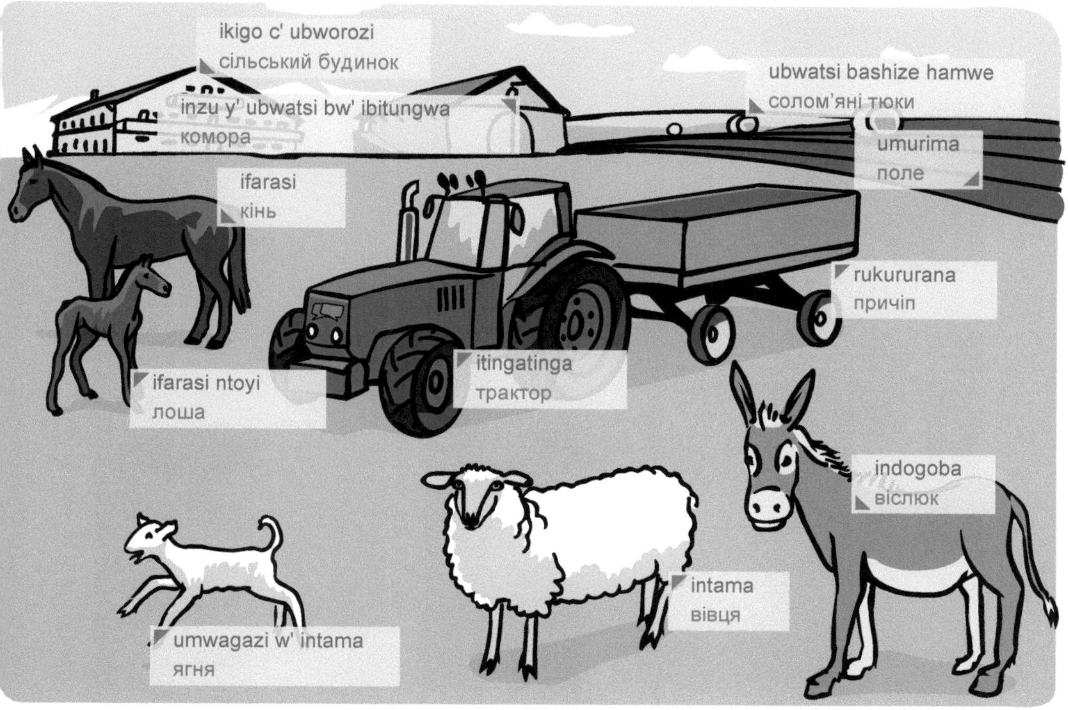

ikigo c' ubworozi
сільський будинок
ubwatsi bashize hamwe
солом'яні тюки
inzu y' ubwatsi bw' ibitungwa
комора
umurima
поле
ifarasi
кінь
rukururana
причіп
itingatinga
трактор
ifarasi ntoyi
лоша
indogoba
віслюк
intama
вівця
umwagazi w' intama
ягня

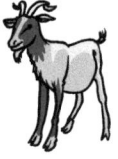

impene

коза

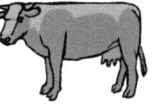

inka

корова

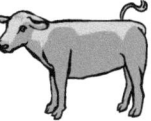

inyana

теля

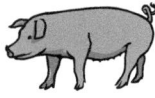

ingurube

свиня

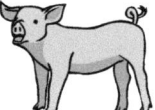

ikibuguru

порося

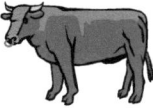

impfizi

бик

inyoni yitwa oie

гусак

imbata

качка

umuswi

курча

inkokokazi

курка

isake

півень

imbeba nini

щур

akayabu

кіт

imbeba

миша

ishuri

віл

imbwa

собака

umusaka w'imbwa

собача будка

umuringoti wo kuvomerera
umurima

садовий шланг

ico bakoresha basukira
amashurwe

лійка

urukero

коса

majagu

плуг

umuhoro

серп

isuka

мотика

ikinyanyagiza ibitabizo irya n'ino

вила

ishoka

сокира

inkorofani

тачка

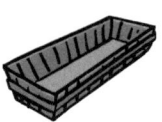

ubwato

корито

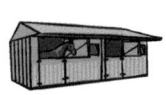

icansi

бідон молока

umufuko

мішок

urugo

паркан

indaro y' ibitungwa

хлів

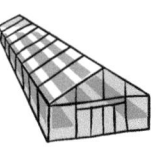

utuzu bashusha kugirango ibimera birimwo bikure

теплиця

isi

ґрунт

imbuto

насіння

ifumbire

добриво

imashini yimbura

комбайн

kwimbura

пожинати

umwimbu

урожай

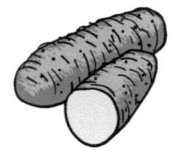

infungugwa bita igname

корінь ямсу

ingano

пшениця

isoya

соя

ikiraya

картопля

ikigori

кукурудза

ubwoko bw' ingano bita colza

ріпак

igiti c' ivyamwa

плодове дерево

imyumbati

маніок

ibinyantete

злаки

inzira y' umwotsi
димохід

igisenge
дах

umureko
водостічний лоток

idirisha
вікно

igarage
гараж

ikengeri
дзвінок

umuryango
двері

igiseke c' umucafu
відро для сміття

agasandugu k'amakete
поштова скринька

umurima
сад

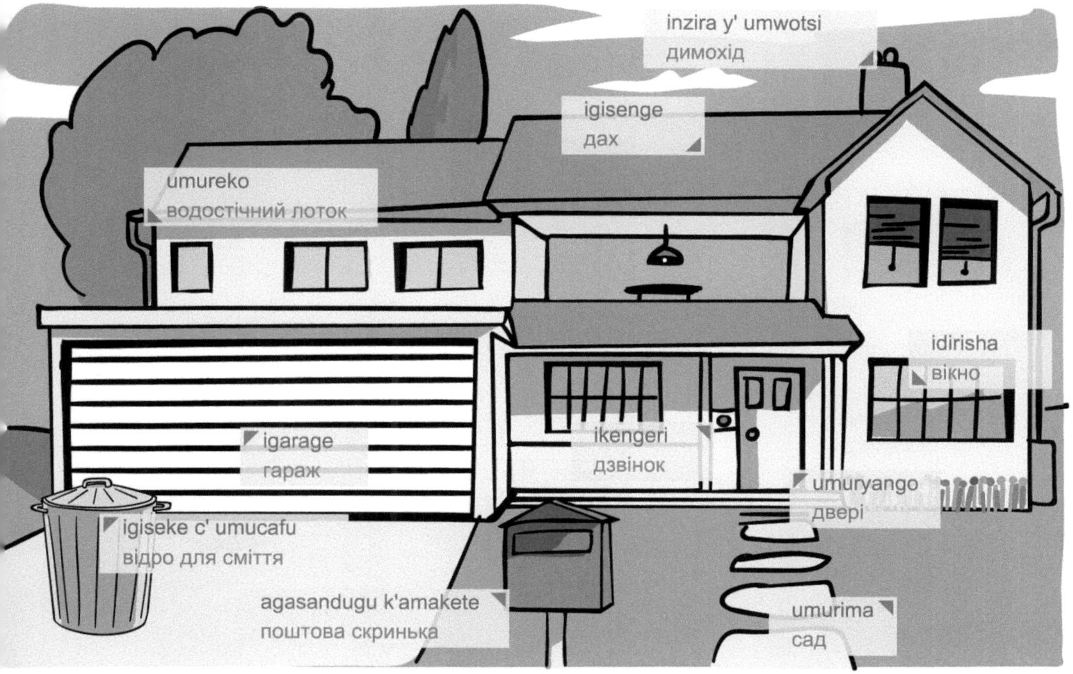

isaro

вітальня

ubwogero

ванна кімната

igikoni

кухня

icumba co kuraramo

спальня

icumba c' umwana

дитяча кімната

uburiro

їдальня

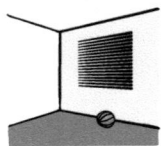

hasi

підлога

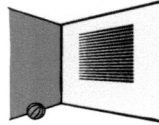

uruhome

стіна

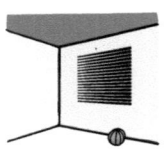

igisenge c' inzu

стеля

kave

підвал

sauna

сауна

ibaraza

балкон

ibaraza

тераса

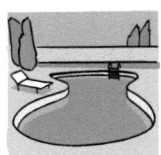

aho bogera

басейн

itondezi

косарка

igikaratasi

простирало

uburengeti

ковдра

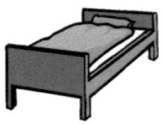

uburiri

ліжко

umweyerezo

мітла

indobo

відро

akabuto

перемикач

isaro

вітальня

igisharizo
шпалери
isanamu
малюнок
itara
лампа
akabati
поличка
akabati
шафа
imboneshakure
телевізор
igicaniro
камін
ishugwe
квітка
umusagamiro
подушка
ifoteyi
диван
ivaze
ваза
terekomande
пульт

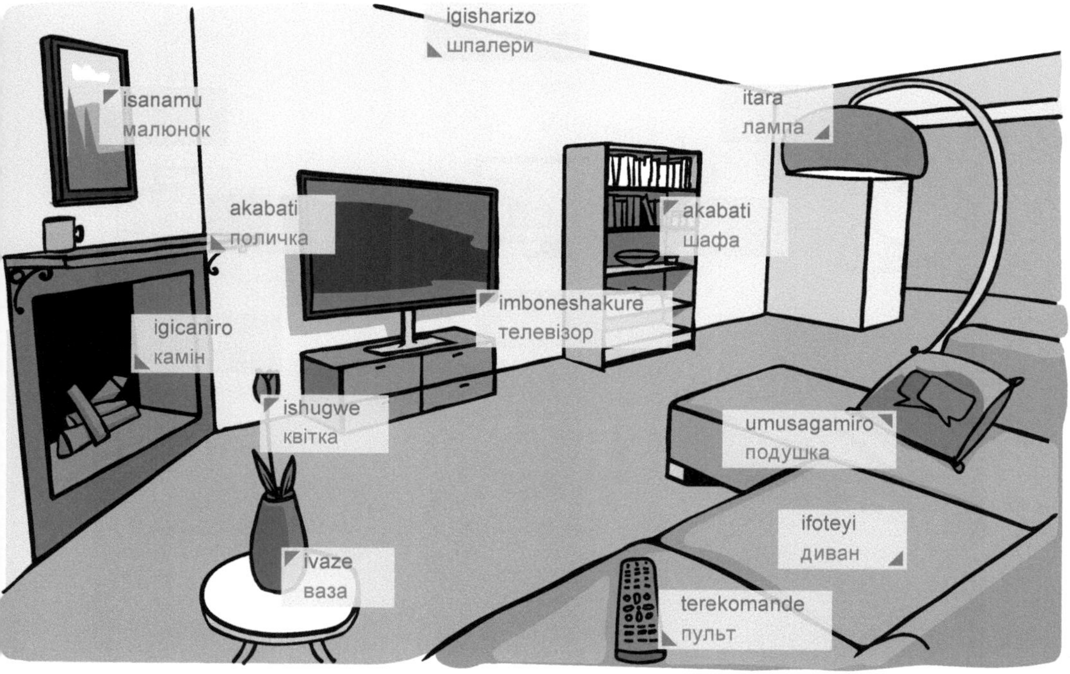

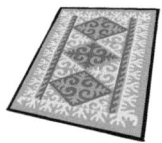

itapi

килим

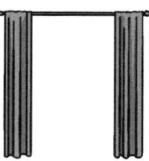

irido

завіса

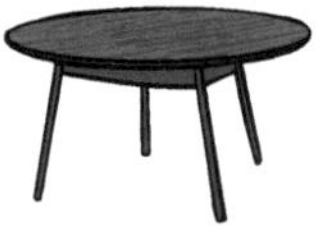

ameza

стіл

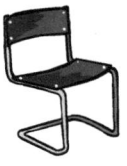

intebe

стілець

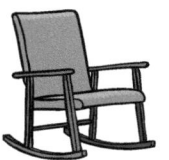

intebe icundera

крісло-гойдалка

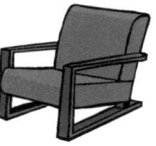

ifoteyi

крісло

igitabo

книга

ikirengeti

ковдра

ibitako

прикраса

inkwi

дрова

ireresi

фільм

ivyuma vy' umuziki

стереосистема

urufunguruzo

ключ

ikinyamakuru

газета

gusiga amarangi

картина

isanamu nini

плакат

insamirizi

радіо

ikaye ndangaminsi

блокнот

asipirateri

пилосос

icimera bita cactus

кактус

ibuji

свічка

igikoni
кухня

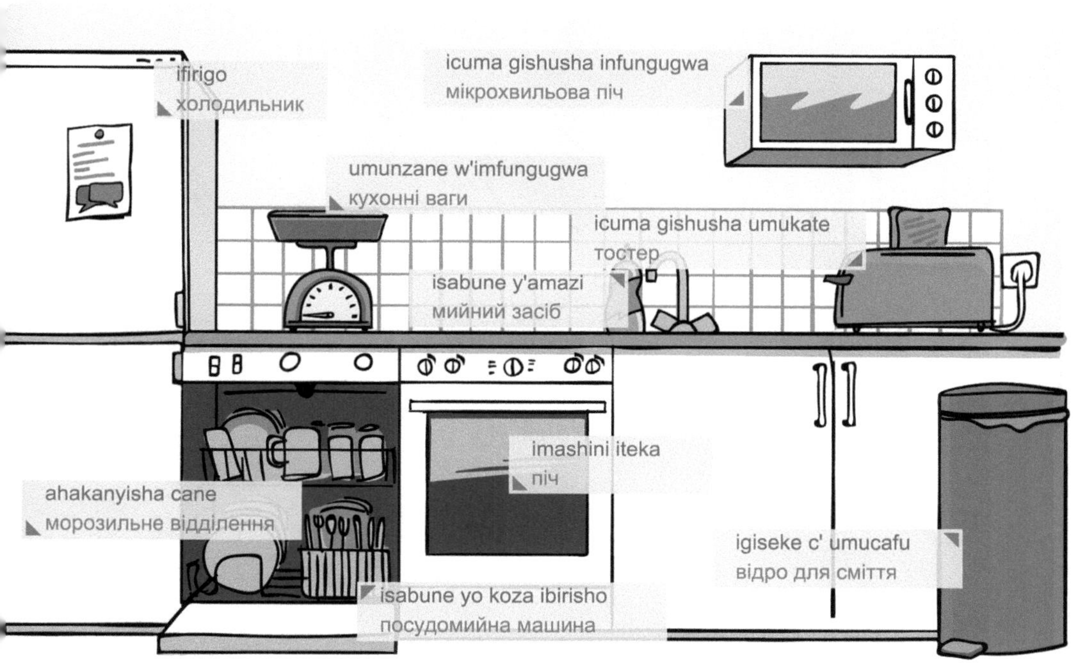

ifirigo
холодильник
icuma gishusha infungugwa
мікрохвильова піч
umunzane w'imfungugwa
кухонні ваги
icuma gishusha umukate
тостер
isabune y'amazi
мийний засіб
imashini iteka
піч
ahakanyisha cane
морозильне відділення
igiseke c' umucafu
відро для сміття
isabune yo koza ibirisho
посудомийна машина

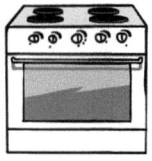

ishiga
....
плита

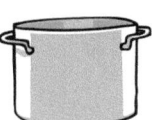

isafuriya
....
горщик

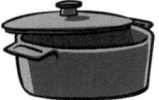

isafuriya y' icuma
....
чавунний горщик

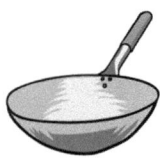

ipanu bita wok
....
вок / кадай

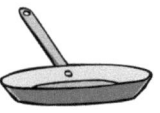

ipanu
....
сковорода

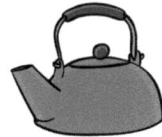

akuma gashusha amazi
....
чайник

isafuriya itekesha umuhisha

пароварка

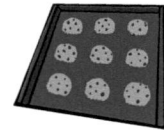

ico bakorerako imikate

лист

ibirisho

посуд

igikombe

кухоль

ibakure

чаша

uduti two kurisha

палички для їжі

icaruzo c' isupu

черпак

ikimamiro

лопатка

agakubitisho

вінчик для збивання

imashini isya ibifungurwa

сито

akayunguruzo

сито

agakatakata imfungugwa

терка

agasekuro

ступка

icokerezo

барбекю

urucaniro

багаття

urubaho rwo gukatirako

дошка

akabaho bakoresha spageti

качалка

urupfunguzo rw'umuvinyu

штопор

agasandugu

конзерва

urupfunguzo
rw'agasandugu

відкривачка

ivyo gufatisha isafuriya
ishushe

прихватки

icogerezo

раковина

uburoso

щітка

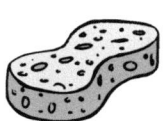

ivyogesho

губка

imigiseri

міксер

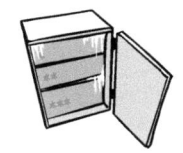

frigo nini ikanyisha cane

морозильна камера

bibero

дитяча пляшка

ivomo

кран

ubwogero

ванна кімната

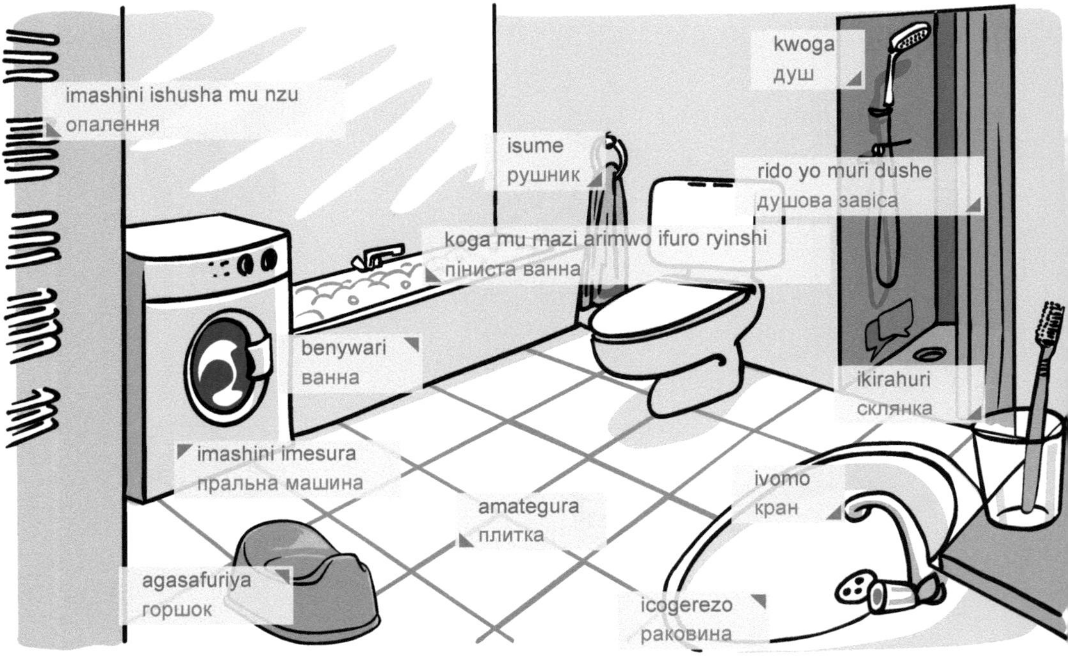

imashini ishusha mu nzu
опалення

kwoga
душ

isume
рушник

rido yo muri dushe
душова завіса

koga mu mazi arimwo ifuro ryinshi
пініста ванна

benywari
ванна

ikirahuri
склянка

imashini imesura
пральна машина

ivomo
кран

amategura
плитка

agasafuriya
горшок

icogerezo
раковина

Akazu ka surwumwe

туалет

akazu ka surwumwe
k'ikirundi

підлоговий туалет

akantu gatoya bogeraho

біде

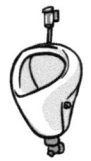

aho basoba

пісуар

ibikaratase vyo kwi sukuza
mu nzu ya surwumwe

туалетний папір

uburoso bwoza akazu ka
surwumwe

щітка для туалету

38

umujigiti

зубна щітка

umuti wo koza amenyo

зубна паста

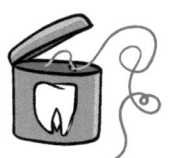

utugozi two gusukura amenyo

нитка для чищення зубів

koza

мити

ikinyuko

ручний душ

ubwoko bwa dushe

інтимний душ

ico bakarabiramo intoki

таз

uburoso busukura mu mugongo

щітка для спини

isabune

мило

isabuni yo kwoga

гель для душу

shampo

шампунь

agatambara ko kwisukura

мочалка

umuringoti

водостік

amavuta yo kwisiga

крем

iparufe yo mu kwaha

дезодорант

icirore

дзеркало

icirore

косметичне дзеркало

imashini imwa ubwanwa

бритва

ifuro ryo kumwa ubwanwa

піна для гоління

umuti basiga aho bamoye

лосьйон після гоління

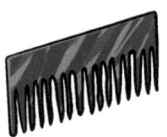

igisokozo

гребінь

uburoso

щітка

akuma kumutsa umushatsi

фен

amavuta bapuriza mu mushatsi

лак для волосся

ibikoresho vyo kwipodora

косметика

amavuta afise ibara yo k'umunywa

губна помада

verni y'inzara

лак для нігтів

ipampa

вата

umukasi uca inzara

ножиці для нігтів

iparufe

парфум

agasaho k' ivyo kwisukura
ku rugendo

косметичка

agatebe

табурет

umunzane

ваги

penywari

халат

udufuko tw' intoke iyo
bakora isuku

гумові рукавички

kotegisi

тампон

kotegisi

гігієнічні прокладки

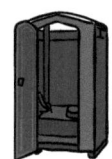

ubwoko bw'akazu ka
surwumwe

біотуалет

icumba c' umwana
дитяча кімната

isaha ivyura
будильник
agakoko k' agapupe
м'яка іграшка
ikijuwe c' umuduga
іграшковий автомобіль
ikijuwe c' ibibondo bita hochet
брязкальце
inzu badandaza amapupe
ляльковий будиночок
akaganuke
подарунок

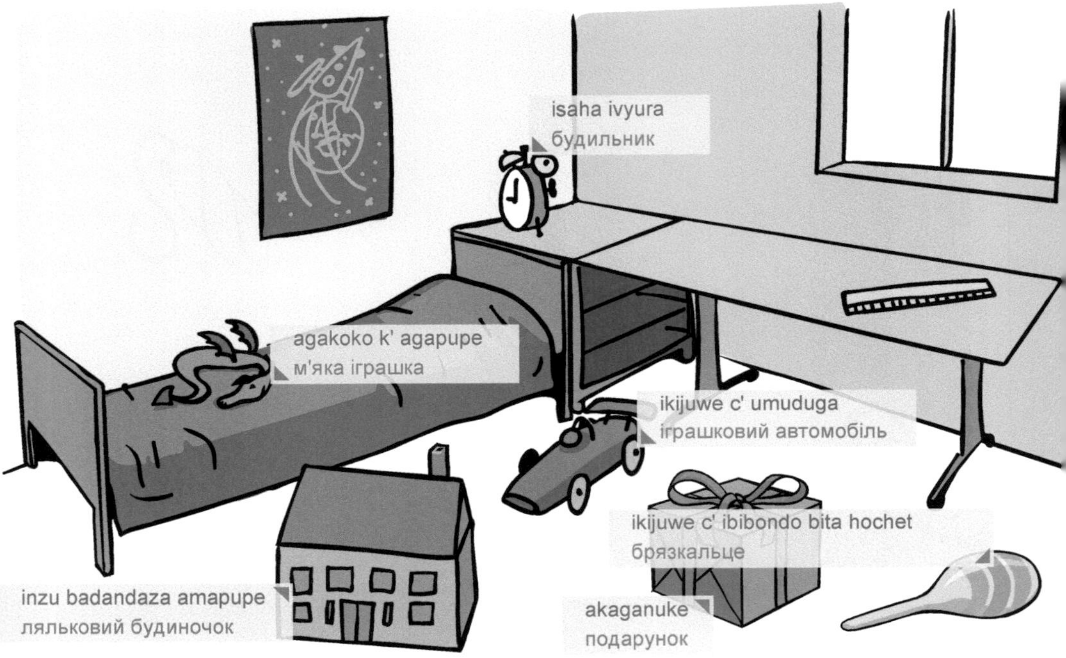

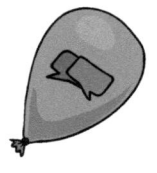

igipurizo
....
повітряна кулька

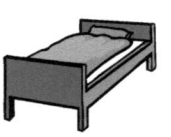

uburiri
....
ліжко

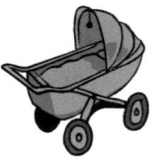

....
дитячий візок

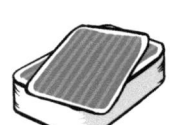

urukino rw' ikarata
....
картярська гра

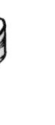

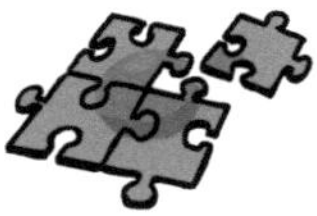

urukino bita puzile
....
пазл

SUPER
MEGA

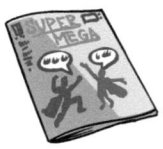

ibitabo vy' amashusho
....
комікс

urukino bita lego

лего цеглинки

impuzu yo kurarana y abana

повзунки

urukino rwo kumeza

настільна гра

madanganya

соска

umupira

м'яч

ibijuwe vyo kubaka

блоки

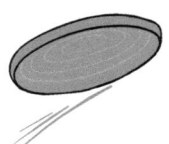

urukino bita frisbi

фризбі

agakinisho bita de

кубик

umunsi mukuru

вечірка

igipupe

лялька

ipupe

іграшкова фігурка

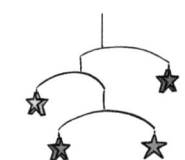

udukinisho two ku buriri bw' ibibondo

мобіле

gari ya moshi z' ibikinisho

модель залізнична станція

igitabo c' ibicapo

книжка з картинками

gukina

грати

umusenyi abana
bakiniramwo

пісочниця

uruvuma

гойдалка

ikijuwe

іграшка

urukino nyabwonko

гральна консоль

ikinga ry'amapine atatu

триколісний велосипед

igikoko bita ours c 'ikijuwe

плюшевий мішка

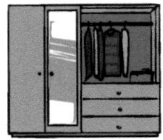

akabati k' impuzu

шафа

impuzu

одяг

amashesheti

шкарпетки

amashesheti maremare

панчохи

ubwoko bw'impuzu zifata
kandi zigaruka cane

колготки

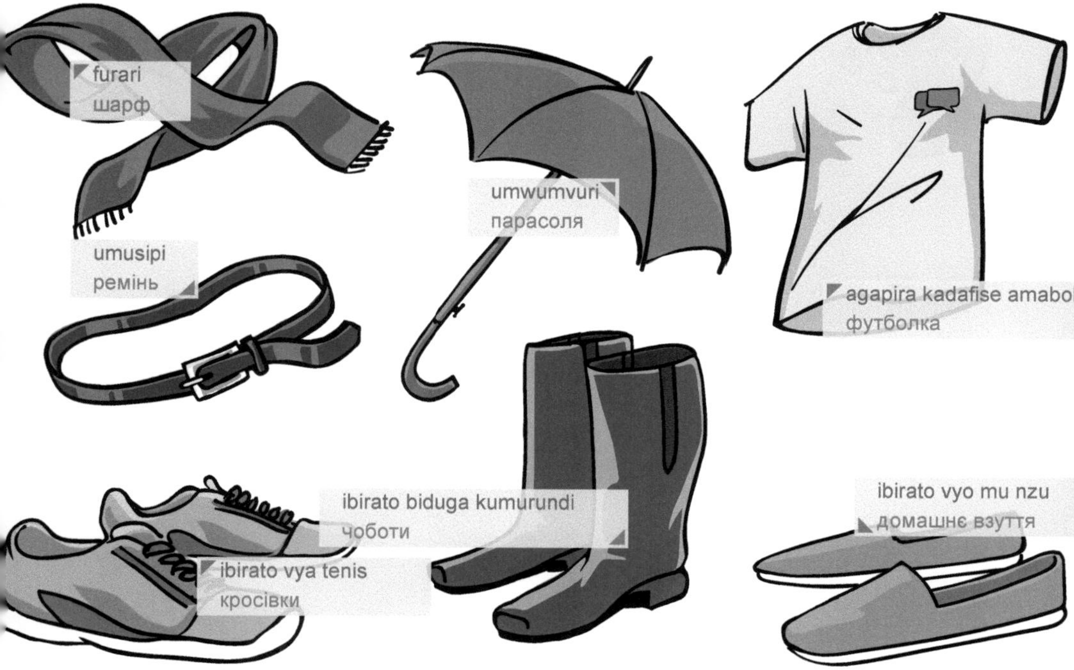

furari
шарф

umusipi
ремінь

umwumvuri
парасоля

agapira kadafise amabol
футболка

ibirato biduga kumurundi
чоботи

ibirato vyo mu nzu
домашнє взуття

ibirato vya tenis
кросівки

isandari
сандалі

ibirato
взуття

ingamiya
гумові чоботи

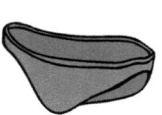

imwesho
труси

isutiye
бюстгальтер

isengeri
нижня сорочка

impuzu z' imbere

боді

ipantaro

штани

ijinisi

джинси

ijipo

спідниця

agashati koroshe kabagore

блузка

ishati

сорочка

umupira w' imbeho

пуловер

umupira w'imbeho ufise
inkofero

светр

blazeri

піджак

ikoti

куртка

ikoti rirerire

пальто

ikoti y'imvura

дощовик

kositime

костюм

ikanzu

сукня

ikazu y'umugeni

весільна сукня

koshitime

костюм

ikanzu yo kurarana

нічна сорочка

impuzu z' ijoro

піжама

imvutano z'abahindi

capi

igitambara co mu mutwe

головна хустка

igitambara co mu mutwe
bita turban

чалма

impuzu z' abasiramukazi

бурка

ikanzu bita kaftan

кафтан

impuzu y' abasiramu

абая

impuzu yo kogana

купальник

impuzu yo kwogana
y'abagabo

плавки

imwesho

шорти

itereningi

тренувальний костюм

itaburiya

фартух

udufuko tw' intoke

рукавички

igifungo

гудзик

amarori

окуляри

igikomo

браслет

akadede

ланцюг

impeta

кільце

ihereni

сережка

inkofero

шапка

porutemanto

плічка

inkofero

капелюх

karavate

краватка

imashini

застібка-блискавка

inkofero yo kwikingira

шолом

imisipi

підтяжки

impuzu y' ishure

шкільна форма

umwambaro rusangi
w'ahantu

уніформа

utwo bambika ibibondo iyo birya

нагрудник

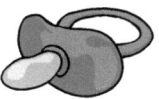

madanganya

соска

iranje

підгузок

seriveri
сервер

akabati k' ivyangombwa
шаф для документів

empirimante
принтер

ekra
монітор

urukaratasi
папір

ameza yo kwandikirako
письмовий стіл

suri
миша

ico bashiramwo ivyangombwa
папка

karaviye
синтезатор

aseke bajugunyamo amakaratasi
шик для паперу

nyabwonko
комп'ютер

intebe
стілець

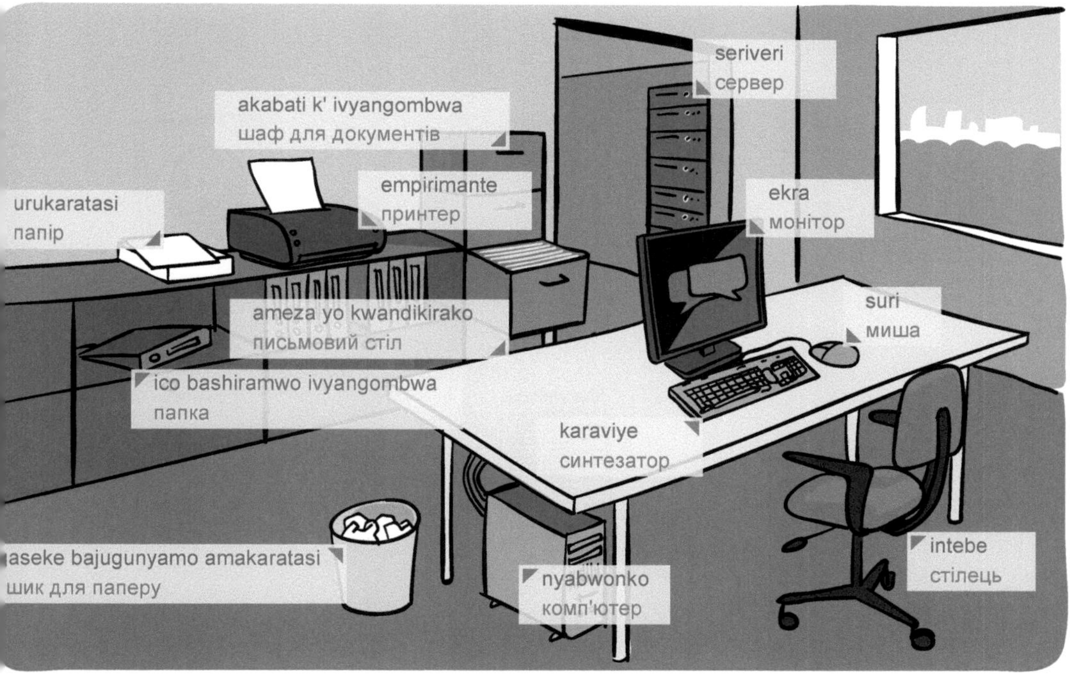

igikombe c' ikawa

кавовий кухоль

imashini iharura

калькулятор

ubuhinga ngurukanabumenyi

інтернет

inyabwonko ngendanwa

ноутбук

ikete

лист

ubutumwa

повідомлення

telefoni ngendanwa

мобільний телефон

rezo

мережа

fotokopiyeze

копіювальний пристрій

rojisiyeri

програмне забезпечення

telefoni

телефон

purize

розетка

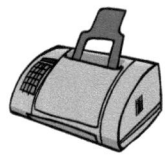

fagisi

факс

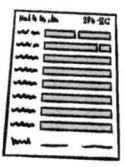

urukaratasi rwo kuzuza

бланк

icangombwa

документ

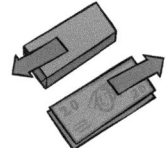

kugura

купувати

kuriha

платити

kudandaza

торгувати

amahera

гроші

 **USD**

idorari

долар

 **EUR**

iyero

євро

 **JPY**

iyene

ієна

 **RUB**

amahera y' abarusiya

рубль

 **CHF**

amahera y' abasuwisi

франк

 **CNY**

amahera bita renmimbi
yuan

юанів женьміньбі

 **INR**

amahera bita rupi

рупія

icuma gitanga amahera

банкомат

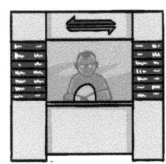

ku bavunjayi

обмінний пункт

inzahabu

золото

umujumbu

срібло

ipeteroli

нафта

inguvu

енергія

ikiguzi

ціна

amasezerano

контракт

amakori

податок

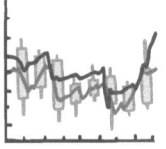

igice

акція

gukora

працювати

umukozi

працівник

umukoresha

роботодавець

ihinguriro

фабрика

akaduka

магазин

imirimo

професії

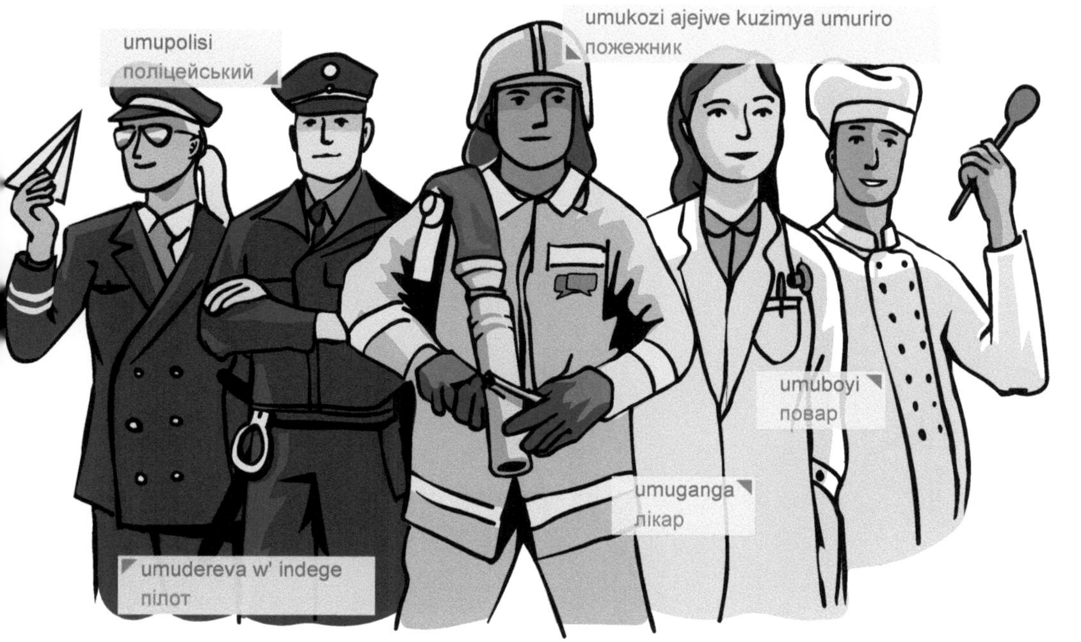
umukozi ajejwe kuzimya umuriro
пожежник
umupolisi
поліцейський
umuboyi
повар
umuganga
лікар
umudereva w' indege
пілот

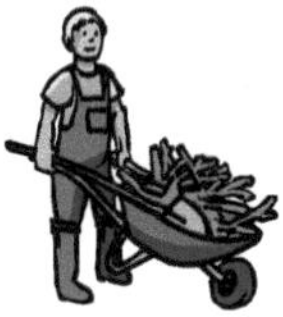

umukozi akora murikarima

садівник

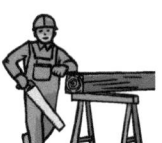

umubaji

столяр

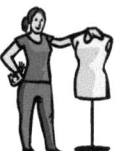

umushonyi

швачка

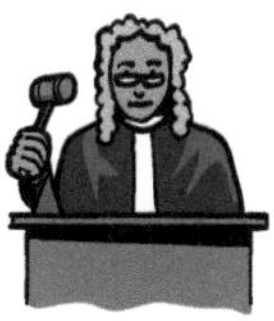

umucamanza

суддя

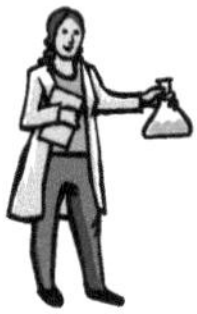

umuhinga mu vya chimie

хімік

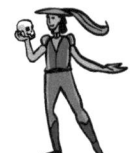

umukinyi w'amareresi

актор

umudereva w' ibisi

водій автобуса

umudereva w' itagisi

таксист

umurovyi

рибалка

umuzezwanzukazi

прибиральниця

sharupantiye

покрівельник

umukozi wo muburiro n'ubunywero

офіціант

umuhigi

мисливець

umufundi w' amarangi

художник

umuntu akora imikate

пекар

umufundi w' amatara

електрик

umwubatsi

будівельник

enjeniyeri

інженер

umuyangayanga

забійник

umufundi w' amazi

бляхар

umuparanto

листоноша

umusoda

солдат

umuntu acapa inyubako

архітектор

umuntu yakira amahera

касир

umukozi ajejwe amashugwe

флорист

kimyozi

перукар

kontororeri

кондуктор

umufundi w' imiduga

механік

umudereva w' ubwato

капітан

umuganga w' amenyo

дантист

umuhinga mu vya siyansi

вчений

umuhinga mu bayahudi bita rabi

рабин

imame

імам

umuvugiramana

монах

umuvugiramana

пастор

ibikoresho vy' ubwubatsi

інструменти

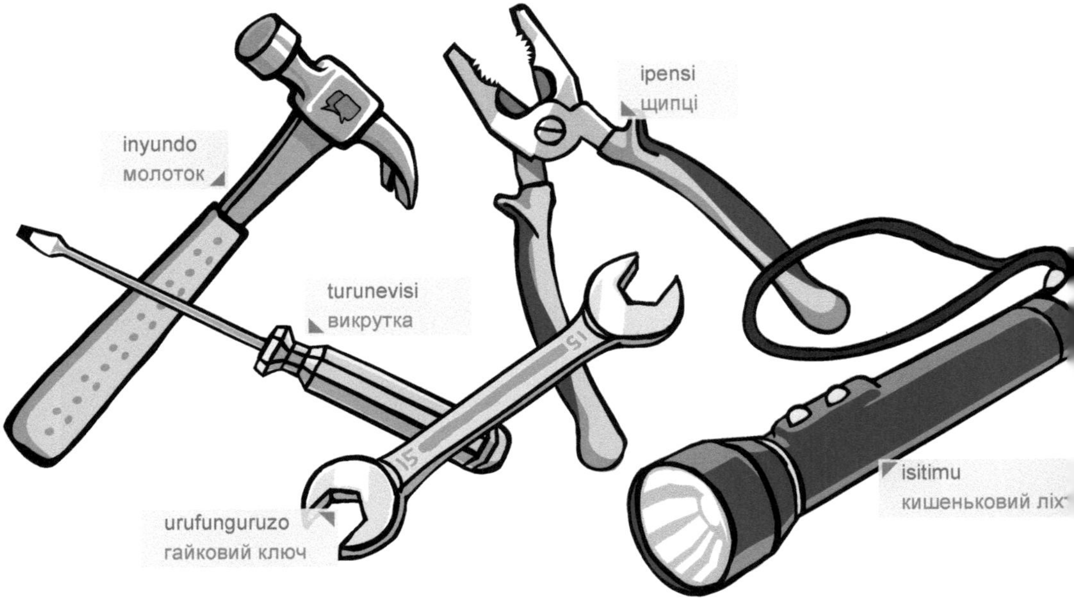
ipensi
щипці
inyundo
молоток
turunevisi
викрутка
isitimu
кишеньковий ліх
urufunguruzo
гайковий ключ

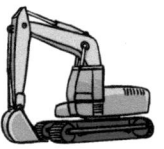

tingatinga

екскаватор

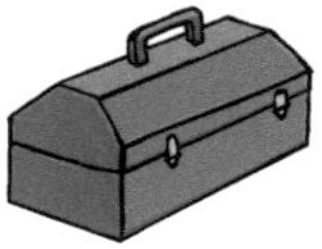

isaho y' ibikoresho

ящик для інструментів

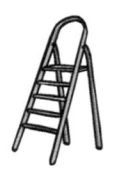

ingazi

драбина

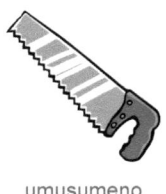

umusumeno

пилка

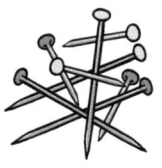

imisumari

цвяхи

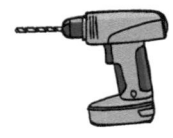

icuma bita foreuse

свердло

gukora
ремонтувати

igipawa
лопата

asyi!
лайно!

agaterura umucafu
совок

indobo y' irangi
відро з фарбою

ivis
гвинти

ivyuma vyo gucuraranga
музичні інструменти

icuma bita Haut parleur
динамік

icuma ca musika bita batterie
ударна установка

igitari
гітара

icuma ca musika bita contrebasse
контрабас

icuma ca musika bita trompette
труба

icuma ca musika bita piano

фортепіано

icuma ca musika bita violon

скрипка

gitare icuranga Bass

бас

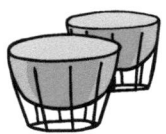

icuma ca musika bita timbale

литаври

ingoma

барабан

icuma ca musika bita piano electrique

клавіатура

icuma ca musika bita saxophone

саксофон

umwirongi

флейта

mikoro

мікрофон

iratiro ry' ibikoko

зоопарк

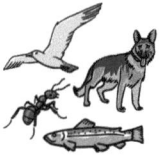

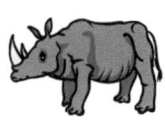

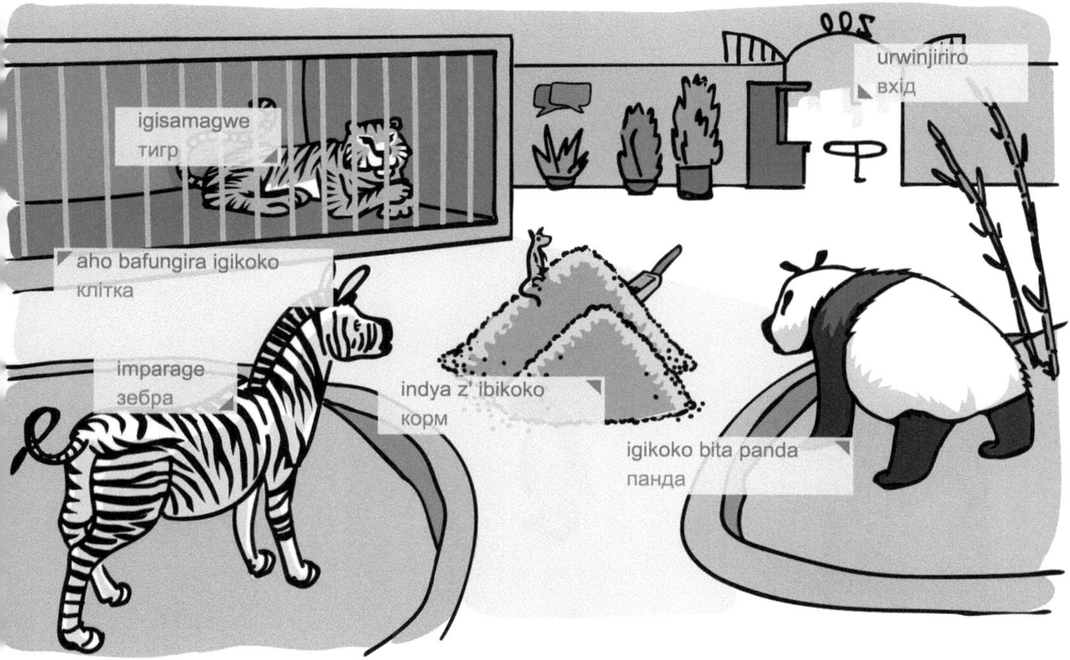

urwinjiriro
вхід
igisamagwe
тигр
aho bafungira igikoko
клітка
imparage
зебра
indya z' ibikoko
корм
igikoko bita panda
панда

ibikoko

тварини

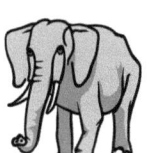

inzovu

слон

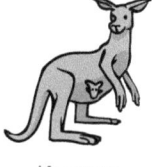

Kanguru

кенгуру

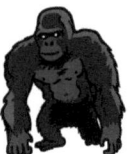

igikoko bita Rhynoceros

носоріг

inguge

горила

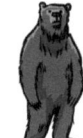

igikoko bita ours

ведмідь

ingamiya

верблюд

inyoni bita autriche

страус

intare

лев

inkende

мавпа

inyoni bita flamant rose

фламінго

gasuku

папуга

igikoko bita ours blanc

білий ведмідь

inyoni bita pinguin

пінгвін

ifi bita requin

акула

inyoni bita paon

павич

inzoka

змія

ingona

крокодил

umurinzi w' iratiro ry' ibikoko

працівник зоопарку

igikoko bita phoque

тюлень

igikoko bita jaguar

ягуар

ubwoko bw' ifarasi bita pony

поні

ingwe

леопард

imvubu

гіпопотам

umusumbarembo

жираф

agaca

орел

ingurube y' ishamba

кабан

ifi

риба

akanyamasyo

черепаха

igikoko bita morse

морж

imbwebwe

лисиця

ingeregere

газель

siporo
спорт

urukino rwa football yo muri amerika
американський футбол

ugusiganwa ku makinga
їзда на велосипеді

urukino rwa tennis
теніс

urukino rwa basketball
баскетбол

koga
плавання

urukino rw' ingumu
бокс

urukino rwa ice-hockey
хокей

umupira w'amaguru
футбол

urukino rwa badminton
бадмінтон

ubunonotsi
легка атлетика

urukino rwa handball
гандбол

urukino rwa ski
лижні перегони

urukino rwa Polo
поло

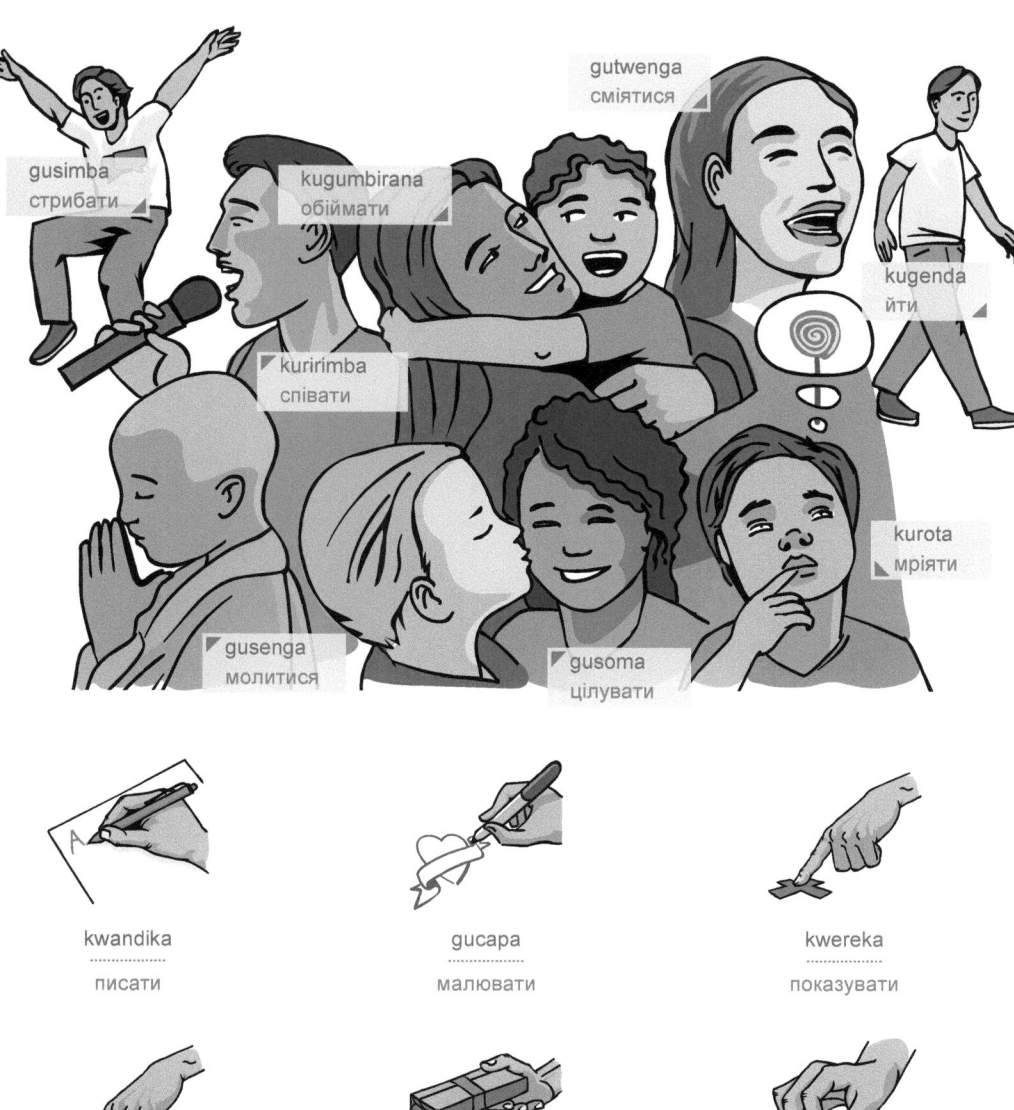

gutwenga сміятися

gusimba стрибати

kugumbirana обіймати

kugenda йти

kuririmba співати

kurota мріяти

gusenga молитися

gusoma цілувати

kwandika
писати

gucapa
малювати

kwereka
показувати

gusuguma
тиснути

gutanga
давати

gutora
брати

kugira

мати

kugira

робити

kuba

бути

guhagarara

стояти

kwiruka

бігати

gukwega

тягнути

guta

кидати

gutemba

падати

kurambarara hasi

лежати

kurindira

очікувати

gutwara

носити

kwicara

сидіти

kwambara

одягати

kuryama

спати

kuvyuka

просипатися

kuraba

дивитися

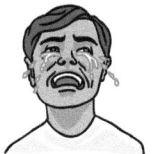

kurira

плакати

kwagaza

гладити

gusokoza

розчісувати

kuvuga

розмовляти

gutahura

розуміти

kubaza

питати

kumviriza

слухати

kunywa

пити

gufungura

їсти

gutondeka

прибирати

gukunda

любити

guteka

варити

gutwara

їхати

kuguruka

літати

kugira siporo bita voile

йти під вітрилом

guharura

рахувати

gusoma

читати

kwiga

вчитися

gukora

працювати

kurongora

одружуватися

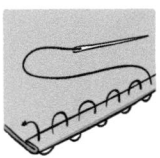

gushona

шити

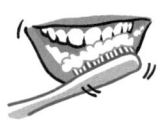

kwijigitura

чистити зуби

kwica

убивати

kunywa itabi

курити

kurungika

посилати

nyokuru
бабуся

sokuru
дідуся

data
батько

mama
мати

ikobondo
немовля

umukobwa
донька

umuhungu
син

umushitsi

гість

masenge

тітка

marume

дядько

musaza w' umuntu

брат

mushiki w' umuntu

сестра

umubiri

тіло

agahanga
чоло
ijisho
око
urutugu
плече
urutoki
палець
isura
обличчя
agasakanwa
підборіддя
ikiganza
кисть
ukuguru
нога
agatuntu
груди
ukuboko
рука

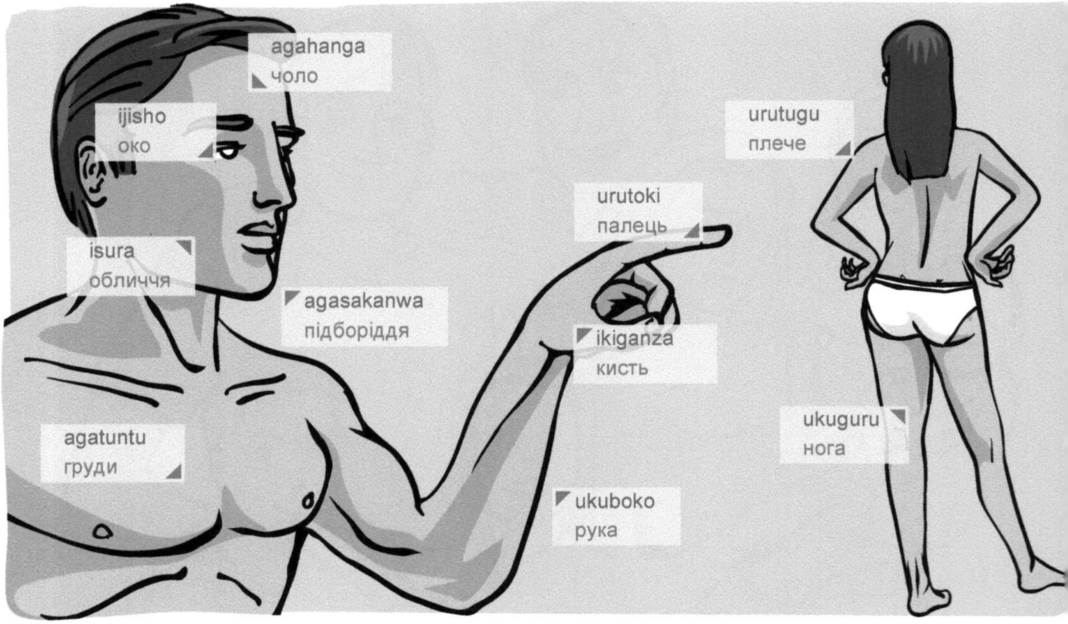

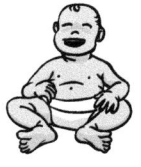

ikobondo

немовля

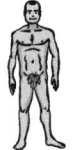

umugabo

чоловік

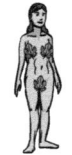

umugore

жінка

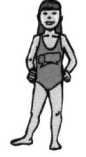

umwigeme

дівчина

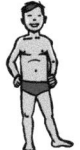

umuhungu

хлопчик

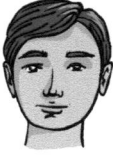

umutwe

голова

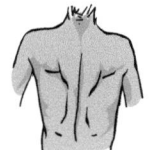

umugongo

спина

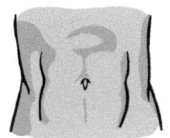

inda

живіт

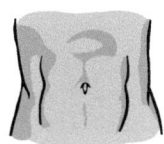

umukondo

пуп

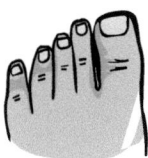

ino

палець ноги

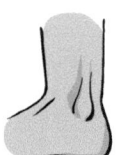

agatsintsiri

п'ята

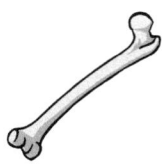

igufa

кістка

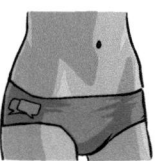

ku mafyigo

стегно

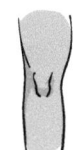

ivi

коліно

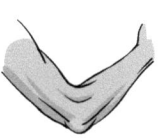

inkokora

лікоть

izuru

ніс

igisusu

сідниці

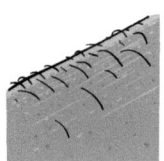

urukoba

шкіра

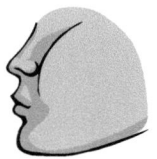

itama

щока

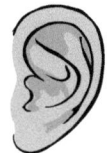

ugutwi

вухо

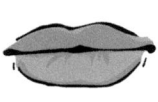

umunwa

губа

umubiri - тіло

umunwa

рот

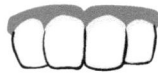

iryinyo

зуб

ururimi

язик

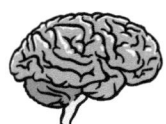

ubwonko

мозок

umutima

серце

umutsi

м'яз

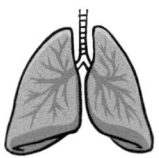

ihaha

легені

igitigu

печінка

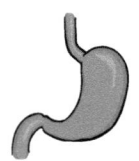

umushishito

шлунок

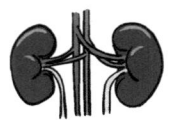

amafyigo

нирки

kurangura amabanga
y'abubatse

статевий акт

agapfuko

презерватив

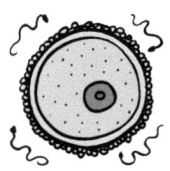

imbuto y' umugore

яйцеклітина

imbuto y'umugabo

сперма

imbanyi

вагітність

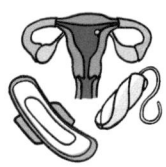

kuja mu kwezi

менструація

igituba

вагіна

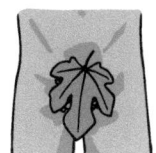

imboro

пеніс

ingohe

брова

umushatsi

волосся

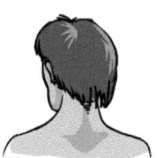

izosi

шия

ibitaro
лікарня

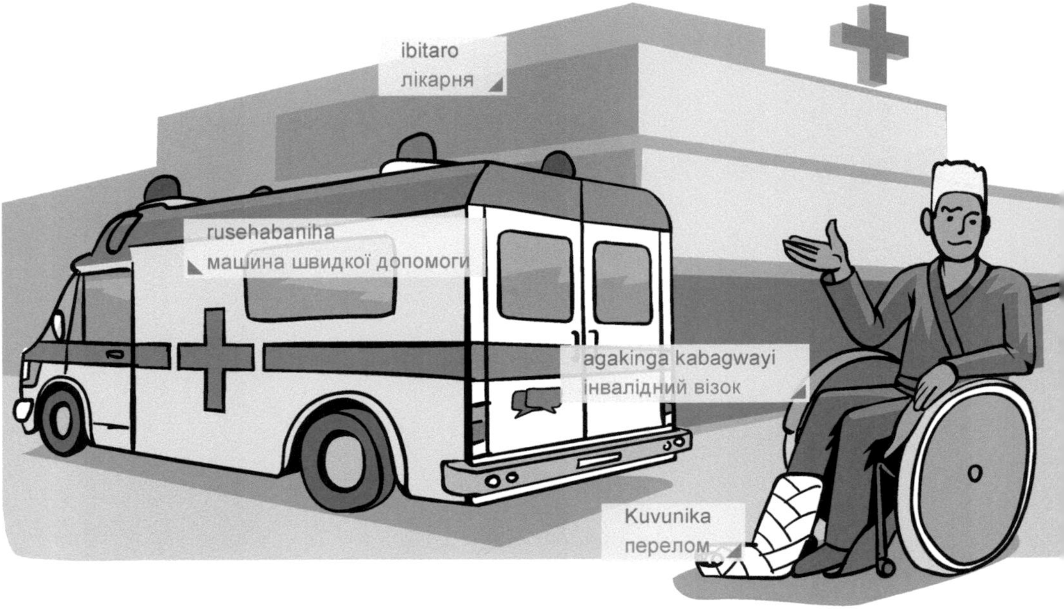

ibitaro
лікарня
rusehabaniha
машина швидкої допомоги
agakinga kabagwayi
інвалідний візок
Kuvunika
перелом

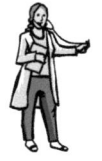

umuganga

лікар

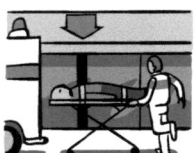

mundembe

відділення швидкої медичної допомоги

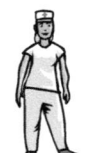

umuforomokazi

медсестра

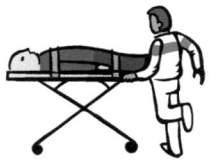

irijanse

аварійний випадок

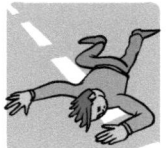

guta ubwenge

непритомний

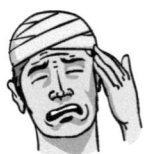

ububabare

біль

igikomere

травма

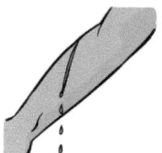

kuva amaraso

кровотеча

uguhagarara k' umutima

інфаркт

kuvira indani

інсульт

guhurirwa

алергія

inkorora

кашель

ubushuhe bw'umubiri

лихоманка

giripe

грип

gucibwamwo

пронос

kumeneka umutwe

головна біль

Kanseri

рак

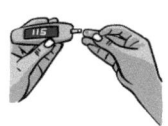

Diyabeti

діабет

muganga ajejwe kubaga

хірург

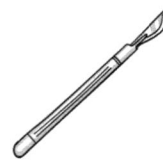

akuma ka muganga ubaga

скальпель

kubagwa

операція

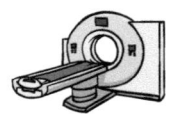

sikaneri

КТ

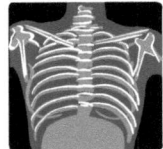

radiyogarafi

рентген

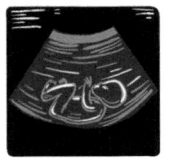

ekogarafi

ультразвук

masike

маска

indwara

хвороба

aho kurindirira

зал очікування

icishimikizo

милиця

gufuka igikomere

пластир

gufuka igikomere

пов'язка

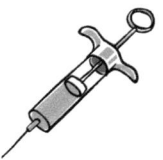

gutera urushinge

ін'єкція

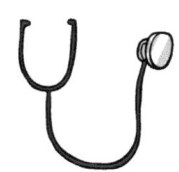

icuma cumviriza amahaha n'umutima

стетоскоп

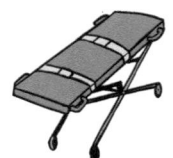

ingovyi

ноші

igipima umuriro w' umubiri

термометр

kuvuka

народження

umuvyibuho urengeje

надмірна вага

igifasha umuntu kumva neza

слуховий апарат

imiti y' ibikomere

дезінфікуючий засіб

kwandura

інфекція

umugera

вірус

umugera wa sida

ВІЛ / СНІД

ubuvuzi

медицина

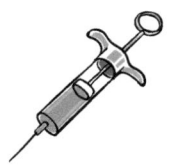

guhabwa urucanco

вакцинація

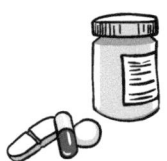

ibinini

таблетки

ikinini mbonezamvyaro

протизаплідна пігулка

telefone itabaza

екстрений виклик

igipima umuvuduko w' amaraso

тонометр

arwaye / akomeye

хворий / здоровий

muntabare!

Допоможіть!

ikengere

сигнал тривоги

igitero

напад

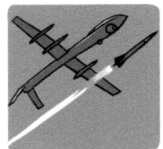

igitero

атака

ibihe bikomeye

небезпека

icanzo

аварійний вихід

umuriro!

Вогонь!

ikizimyamwoto

вогнегасник

isanganya

аварія

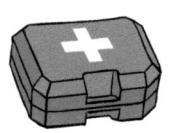

isanduku y' ubutabazi

аптечка

ubutabazi

SOS

igipolisi

поліція

Buraya

Європа

Uburaruko bw' amerika

Північна Америка

Ubumanuko bw' amerika

Південна Америка

Afurika

Африка

Aziya

Азія

Ositarariya

Австралія

ibahari y' Antalantika

Атлантика

ibahari ya Pasifika

Тихий океан

ibahari y' Ubuhinde

Індійський океан

ibahari y' Antaragitika

Антарктичний океан

ibahari y' Aragitika

Північний Льодовитий океан

Uburaruko bw' umubumbe w' isi

Північний полюс

Ubumanuko bw' umubumbe
w' isi
....
Південний полюс

antaragitika
....
Антарктика

isi
....
Земля

isi
....
суша

ibahari
....
море

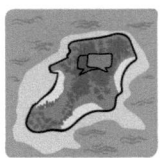

izinga
....
острів

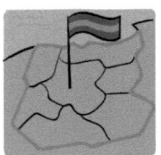

igihugu
....
нація

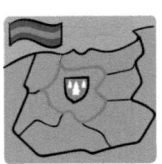

reta
....
держава

aho barabira isaha

циферблат

urushinge rw' amasaha

годинникова стрілка

urushinge rw' iminota

хвилинна стрілка

urushinge rw' amasegonda

секундна стрілка

ni gihe ki?

Котра година?

umunsi

день

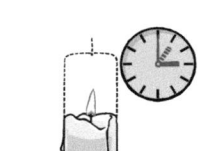

igihe

час

ubu nyene

зараз

isaha ya electronique

цифровий годинник

umunota

хвилина

isaha

година

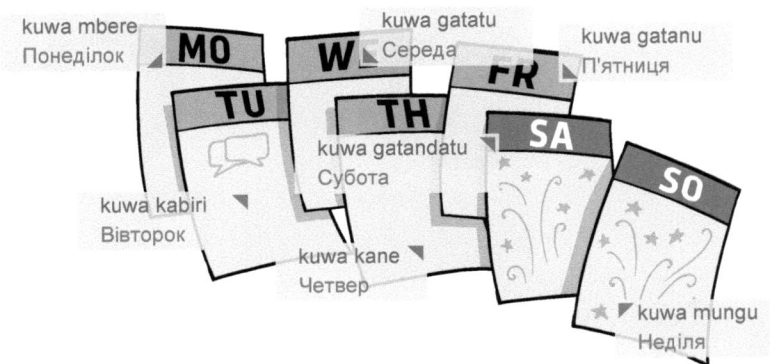

kuwa mbere
Понеділок

kuwa gatatu
Середа

kuwa gatanu
П'ятниця

kuwa kabiri
Вівторок

kuwa gatandatu
Субота

kuwa kane
Четвер

kuwa mungu
Неділя

ejo haheze

вчора

ubunyene

сьогодні

ejo hazoza

завтра

mu gatondo

ранок

sasita

опівдні

ku mugoroba

вечір

iminsi y' ibikorwa

робочі дні

weekende

кінець робочого тижня

umwaka
рік

imvura
дощ
umunywamazi
веселка
umuyaga
вітер
urubura
сніг
igihe c' umwaka bita printemps
весна
igihe c' umwaka bita Automne
осінь
ici
літо
igihe c' umwaka bita hiver
зима

4.APRIL 11°
5.APRIL 4°
6.APRIL 13°
7.APRIL 8°
8.APRIL 10°

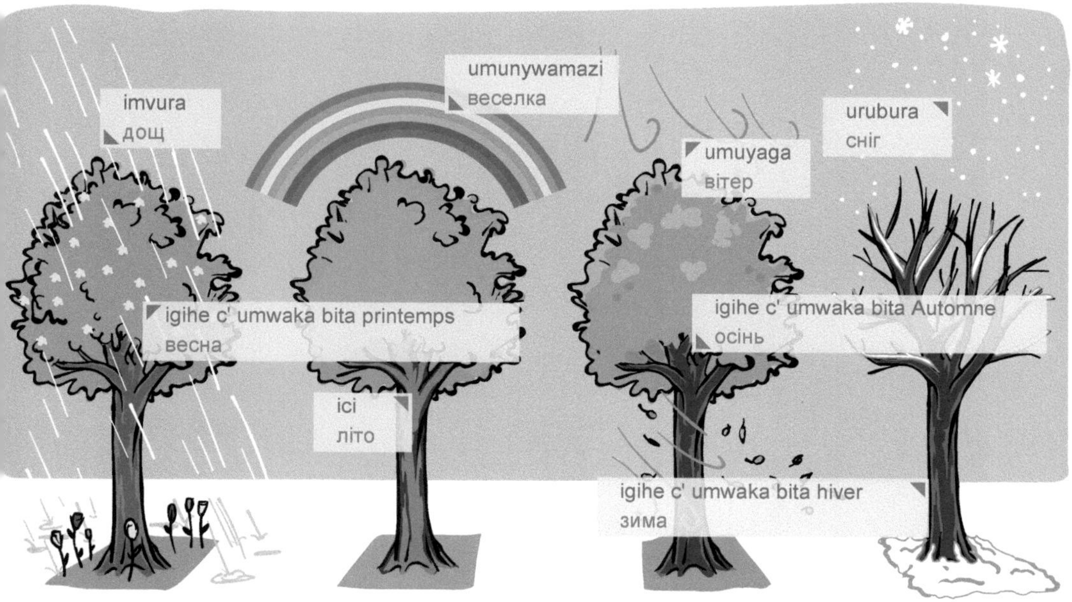

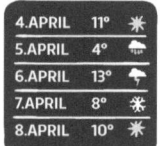

ikirangabihe

прогноз погоди

F
C
120
90
60
30
0
-30
40
30
20
10
0
-10
-20

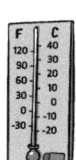

igipima ubushuhe bw' umubiri

термометр

ubuseruko bw' izuba

сонячне світло

igicu

хмара

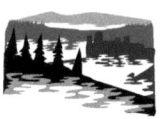

igipfungu

туман

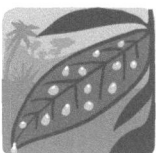

ifira

вологість повітря

umuravyo

блискавка

inkuba

грім

igihuhusi

шторм

urubura

град

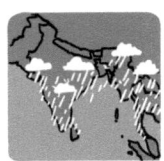

igihuhusi bita mousson

мусон

umwuzure

повінь

ibarafu

лід

nzero

Січень

ruhuhuma

Лютий

ntwarante

Березень

ndamukiza

Квітень

rusama

Травень

ruhenshi

Червень

mukakaro

Липень

myandagaro

Серпень

nyakanga

Вересень

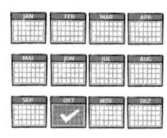

gitugutu

Жовтень

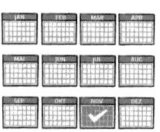

munyonyo

Листопад

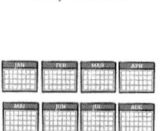

migarama

Грудень

forume geometrike

форми

umuzingi

круг

ikwadarato

квадрат

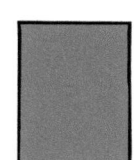

urikiramende

прямокутник

inyabutatu

трикутник

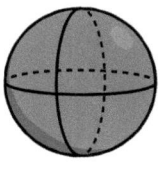

umubumbe

куля

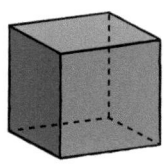

agasandugu

куб

ibara ryera

білий

ibara ry' umuhondo

жовтий

ibara risa n' umucungwe

помаранчевий

ibara rya rose

рожевий

ibara ritukura

червоний

ibara rya mauve

фіолетовий

ibara ry' ubururu

синій

ibara ry'icatsi kibisi

зелений

ibara ry' igihogo

коричневий

ibara rya gris

сірий

ibara ryirabura

чорний

vyinshi / bikeyi

багато / мало

washavuye / utekereje

лютий / мирний

mwiza / mubi

гарний / бридкий

intanguriro / iherezo

початок / кінець

kinini / gitoyi

великий / малий

gikeye / cijimye

світлий / темний

musaza w' umuntu / mushiki
w' umuntu

брат / сестра

gisukuye / gicafuye

чистий / брудний

gikwiye / gicagatiye

завершений /
незавершений

umunsi / ijoro

день / ніч

wapfuye / ariho

мертвий / живий

cagutse / caga

широкий / вузький

kiryoshe / kibishe

їстівний / не їстівний

umutima mubi / umutima mwiza

злий / дружній

anezerewe / arambiwe

збуджений / нудьгуючий

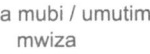
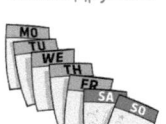

kivyibushe / conze

товстий / тонкий

cambere / canyuma

спочатку / востаннє

umugenzi / umwansi

друг / ворог

cuzuye / kiri gusa

повний / порожній

kigumye / coroshe

жорсткий / м'який

kiremereye / gihwahutse

важкий / легкий

inzara / inyota

голод / спрага

arwaye / akomeye

хворий / здоровий

cemewe n'amategeko / kitemewe n'amategeko

незаконний / законний

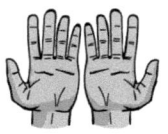

incabwenge / ikijuju

розумний / дурний

ibubamfu / iburyo

вліво / вправо

hafi / kure

поруч / далеко

gishasha / gishaje

новий / використаний

ntaco / kiriho

нічого / щось

umutama / urwaruka

старий / молодий

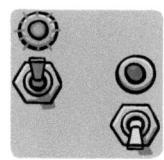

kwatsa / kuzimya

вкл / викл

kugurura / kugara

відкрито / закрито

gitekereje / gifise urwamo

тихо / гучно

umutunzi / umukene

багатий / бідний

nivyo / sivyo

правильно / неправильно

kigoramye / kigororotse

шорсткий / гладкий

ashavuye / anezerewe

сумний / щасливий

kigufi / kirekire

короткий / довгий

kigenda bukebuke / kinyaruka

повільно / швидко

gitose / cumye

вологий / сухий

gishushe buhoro / gikanye buhoro

гарячий / холодний

intambara / amahoro

війна / мир

0

ubusa

нуль

1

rimwe

один

2

kabiri

два

3

gatatu

три

4

kane

чотири

5

gatanu

п'ять

6

gatandatu

шість

7

indwi

сім

8

umunani

вісім

9

icenda

дев'ять

10

cumi

десять

11

cumi na rimwe

одинадцять

12

cumi na kabiri

дванадцять

13

cumi na gatatu

тринадцять

14

cumi na kane

чотирнадцять

15

cumi na gatanu

п'ятнадцять

16

cumi na gatandatu

шістнадцять

17

cumi n' indwi

сімнадцять

18

cumi n' umunani

вісімнадцять

19

cumi n' icenda

дев'ятнадцять

20

mirongo ibiri

двадцять

100

ijana

сто

1.000

igihumbi

тисяча

1.000.000

umuriyoni

мільйон

Icongereza

англійська

Icongereza co muri Amerika

американська англійська

Mandare kivugwa mu bushinwa

китайська високочиновницька

Igihinde

хінді

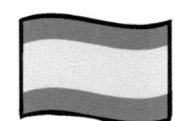

Ikispaniya

іспанська

Igifaransa

французька

Icarabu

арабська

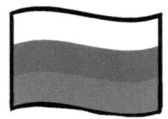

Ikirusiya

російська

Igiporitigare

португальська

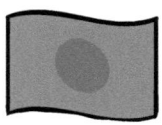

Ikibengare

бенгальська

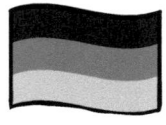

Ikidage

німецька

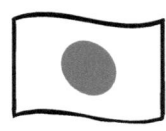

Ikiyapani

японська

jewe

я

wewe

ти

we / we / co

він / вона / воно

twebwe

ми

mwebwe

ви

bo

вони

inde?

хто?

iki?

що?

gute?

як?

hehe?

де?

ryari?

коли?

izina

ім'я

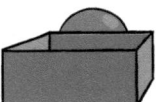

inyuma ya

ззаду

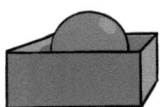

indani ya

в

imbere ya

перед

hejuru ya

над

ku

на

munsi ya

під

mu mbavu ya

біля

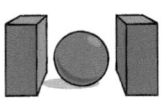

hagati ya

між

ikibanza

місце